Elektromobilität
Zukunft oder Flop?

"SEMINARKURS MOBILITÄT"

INGOLD ALBISSER

STUDIENARBEIT

SCHWÄBISCH GMÜND

Inhalt

1. Einleitung

Seit langem wird im Alltag schon über das Thema „Elektromobilität" diskutiert. Das Thema Elektromobilität ist wichtiger als je zuvor, da das heutige Auto mit Verbrennungsmotor in den nächsten Jahrzehnten vom Aussterben bedroht sein könnte, bzw. sind die Zukunftschancen des Verbrennungsmotors nicht definierbar. Allerdings sind sich eine geringe Anzahl Menschen nicht schlüssig, ob die Elektromobilität in Form des „Elektroautos" eine Zukunft hat oder ob es sich doch nur um einen Flop handelt. Denn wer kann sich schon vorstellen einen Ferrari mit Elektromotor fahren?

Ziel dieser Arbeit ist es, verschiedene Lösungsvorschläge aufzuzeigen, die Elektromobilität in Form von alternativen Antrieben liefert. Darüber hinaus sollen die Möglichkeiten erläutert werden, welche diese neue Form der Mobilität liefert und mit der bestehenden Form der Mobilität abgewogen werden. Am Ende werde ich begründen welche Fakten für die jede der beiden Arten von Mobilitäten sprechen.

Zunächst soll die Arbeit einen Einblick in die heutige räumliche Mobilität liefern und Aufklärung darüber geben welche Auswirkung die aktuelle Mobilität hat. Es werden verschiedene Arten von neuen Antrieben der Elektromobilität dargestellt, erläutert und deren Vor- und Nachteile geschildert. Außerdem wird in dieser Arbeit möglichen Chancen, Risiken aber auch die mit der Elektromobilität zusammenhängenden Herausforderungen dargestellt. Natürlich werden auch die Sichtweisen der Politik geschildert. Zuletzt wird noch ein

Pilotprojekt vorgestellt, worin wichtige Informationen seitens eines Automobilhersteller gesammelt werden sollen.

2. Analyse der heutigen räumlichen Mobilität

Wie im allgemeinen bekannt ist, wächst die Weltbevölkerung stark an. Durch diesen starken Anstieg, wächst auch die Notwendigkeit an mehr Autos, vor allem dadurch, dass wir sehr von dem Auto abhängig sind. Durch diesen Anstieg und durch das Verhalten des Menschen mit dem Auto gegenüber der Umwelt, schadet er sehr der Umwelt. Dieses Verhalten ist allerdings noch nicht allen bewusst wodurch es dadurch zu Umweltschäden führt. Dies spürt insbesondere auch unsere Umwelt, denn mit unseren Abgasen die wir mit dem Auto tagtäglich produzieren wird sie stark belastet. Sowohl bei der Produktion als auch bei dem Benützen des Autos werden eine Menge an Schadstoffen ausgestoßen, wie Kohlenstoffdioxid[1], Stickoxid (NOx)[2] und Feinpartikel. Durch dieses Ausstoßen an Schadstoffen wird die Notwendigkeit eines alternativen Antriebes immer größer. Diese Schadstoffe führen im Allgemeinen zu einer Erderwärmung und resultierend daraus tragen sie zu einem Klimawandel bei. („anthropogenen Treibhauseffekt")[3].

Allerdings gibt es auch ein hohes Einsparungspotenzial, denn allein in Deutschland macht der Automobilsektor einen Großteil der gesamten ausgestoßenen Menge an CO_2 aus. Diese

---

[1] Vgl. Yay, Mehmet (2012): Elektromobilität-Theoretische Grundlagen, S.23
[2] Vgl. Yay, Mehmet (2012): Elektromobilität-Theoretische Grundlagen, S.23
[3] Vgl. Quaschning, Volker (2008): Regenerative Energiesysteme, S.43

Einsparungen können zurzeit dadurch erreicht werden, indem man zum Beispiel die Verbrennungsmotoren noch verbrauchsärmer gestaltet. Darüber hinaus kann der CO_2-Ausstoß nur reduziert werden, indem man alternative Antriebsarten verwendet.[4] Erfreulicher Weise ist ein Umdenken der Bevölkerung sichtbar, da bereits jetzt im Wesentlichen ein umweltbewussteres Verhalten festzustellen ist. Auch die Politik engagiert sich mittlerweile stark im Sektor Umweltschutz, vor allem auch beim Automobil. So hat sie einige Städte in Deutschland zu sogenannten „Umweltzonen" ernannt, wonach erhalten Besitzer für ihr Auto eine Umweltplakette mit der Farbe Rot, Orange oder Grün, was bedeutet, dass sie je nach Farbe der Plakette nur noch für eine bestimmte Zeit in diese Umweltzone einfahren dürfen. Dies betrifft die Besitzer von Autos mit Roten- und Orangefarbigen Plaketten. Besitzer der Grünen Plakette dürfen auf unbegrenzte Zeit in diese Umweltzone einfahren. Allerdings ist dies bisher noch nicht sehr effektiv, da in den Städten die Abgaswerte unverändert schlecht sind.

2.1. Umwelteinflüsse der heutigen Mobilität

Die Umwelteinflüsse der heutigen Mobilität können teilweise für den Menschen positiv gesehen werden. So wurden Alltagsabläufe des Menschen durch das Auto stark vereinfacht. Die wurde Fortbewegung kann durch das Auto individueller gestaltet werden und erleichtert alltägliche Dinge zum Beispiel wie das Einkaufen.

---

[4] Vgl. Schwingshackl, Michael (2009): Simulation vom elektrischen Fahrzeugkonzepten für PKW, S.9

Somit hat es sich in den letzten Jahrzehnten zur unverzichtbaren Lebensgrundlage herauskristallisiert. Nicht alle Umwelteinflüsse sind allerdings positiv anzusehen. Denn durch das Verhalten des Menschen, insbesondere durch das häufige Nutzen des Autos, führt es zu einer Schädigung der eigenen Umwelt und somit auch zur Schädigung der eigenen Lebensgrundlage. Darüber hinaus zerstört der Mensch durch sein Nutzen des Autos die Umwelt nachhaltig für alle folgenden Generationen. Deshalb ist es umso wichtiger neue Antriebe zu entwickeln, um die Lebensgrundlage auch in Zukunft zu erhalten. Weitere Umwelteinflüsse, welche das Auto durch den Verkehr mit sich bringt, sind folgende:[5]

- hoher Energieverbrauch
- hohe Schadstoffemission
- hohe Lärmemission
- Auswirkung auf das Landschaftsbild

2.2. Folgen für die Umwelt

Bei den Folgen für die Umwelt, welche das herkömmliche Auto mit Verbrennungsmotor mit sich bringt, sind sehr weitläufig. Eine der bedeutendsten Folgen für die Umwelt ist der „anthropogene Treibhauseffekt"[6]. Dies bedeutet, dass durch das Nutzen und Produzieren von Autos zusätzlichen Ausstoß an Gasen den

---

[5] Vgl. Schwingshackl, Michael (2009): Simulation vom elektrischen Fahrzeugkonzepten für PKW, S.11
[6] Vgl. Quaschning, Volker (2008): Regenerative Energiesysteme, S.43

natürlichen Prozessen[7] der Umwelt entgegenwirkt. Vereinfacht gesagt wird durch den zusätzlichen Ausstoß an Gasen das natürliche Ausstoßen von Treibhausgasen wie Wasserstoff und Kohlenstoffdioxid[8] verstärkt und führt zu einer globalen Erderwärmung. Somit hat das erhöhte Ausstoßen an Treibhausgasen, gefährliche und umweltschädliche Folgen für die Umwelt.

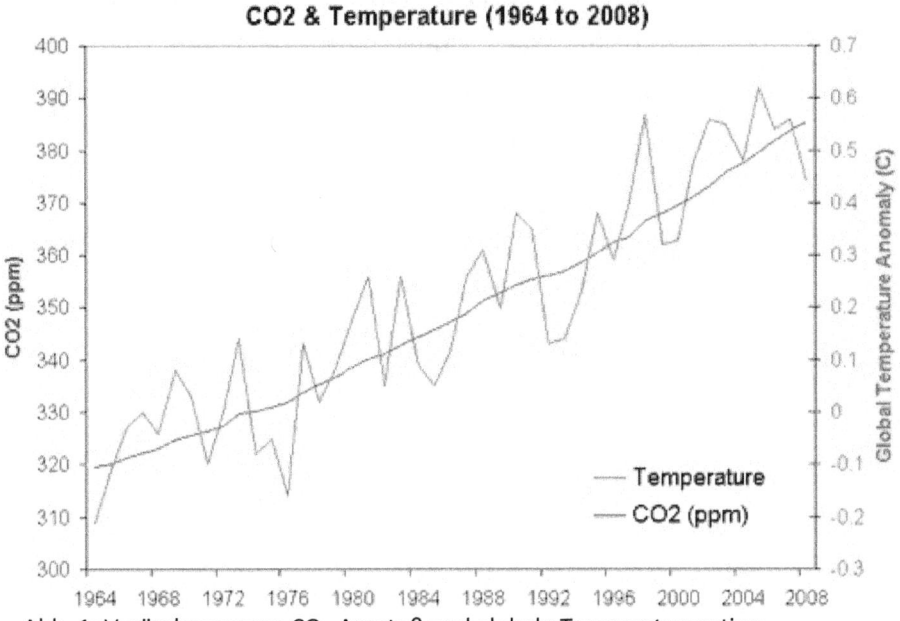

Abb. 1: Veränderung von CO_2-Ausstoß und globale Temperaturanstieg

(http://www.skepticalscience.com/images/co2_temp_1964_2008.gif))

Diese Abbildung zeigt, wie die Temperatur parallel zum CO_2-Ausstoß anstieg, in einem und wie sich daraus folgend die globale Erderwärmung entwickelt hat, in einem Zeitraum von 1964 bis 2008.

---

[7] Vgl. Yay, Mehmet (2012): Elektromobilität-Theoretische Grundlagen, S.23
[8] Vgl. www.wikipedia

Um fatale Folgen für die Umwelt zu vermeiden, muss es zu einer Reduzierung um die Hälfte der Treibhausgasemission bis 2050 gegenüber von 1990 kommen[9]. Vor allem in Industrieländern wie Deutschland aber auch in allen anderen Ländern der der Welt, steckt hier ein enormes Potenzial zur Reduzierung.(Kyoto-Protokoll) Dies heißt für Deutschland, welches der Verkehrssektor 20% der gesamten Ausstoßmenge beträgt, dass hier einen relativ großer Teil an Ausstoß eingespart oder reduziert werden muss, indem man auf alternative Energiequellen bzw. Antriebe setzt. Um die Folgen für die Umwelt zu dämmen und um emmissionsfreies Autofahren mit dem Elektrofahrzeug möglich zu machen sollten alternative Energiequellen in den Strom Mix eingebaut werden. Die aktuelle Art von Stromgewinnung hat verehrende Folgen für die Umwelt, denn die Kraftwerke stoßen eine große Menge an Schadstoffen aus ebenso die Industrie bei der Produktion des Autos, was zu den bekannten Folgen führt.

---

[9] Vgl. Yay, Mehmet (2012): Elektromobilität-Theoretische Grundlagen, S.26/27

Der aktuelle Strom Mix stellt sich wie gefolgt zusammen:

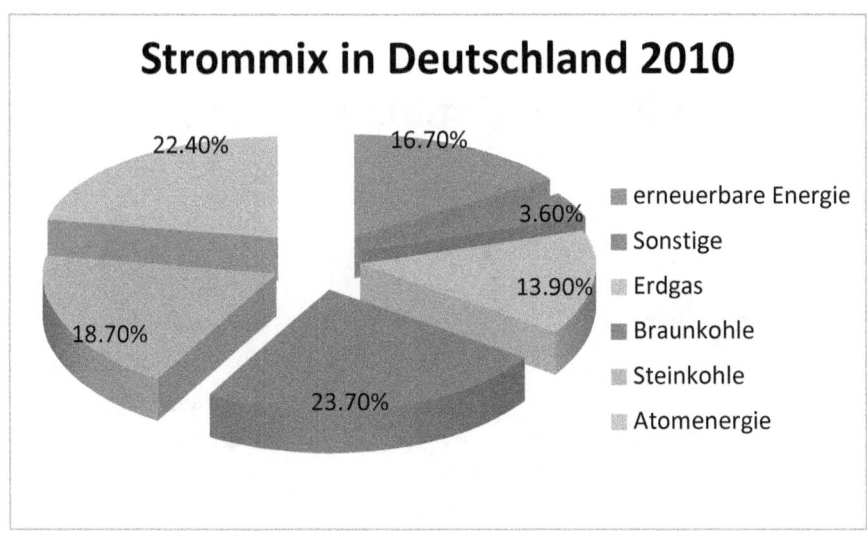

Abb. 2: Diagramm zur Verdeutlichung der Zusammensetzung des Strommixes im Jahr 2010 (im Anhang)

(http://www.donaukurier.de/storage/pic/afp/journal/eins/2017724_1_xio-fcmsimage-20110416092041-006062-4da94349f21f6.photo_1302875720148-9-HD.jpg)

Geschieht dies nicht, so wird laut neusten Studien zufolge die Durchschnittstemperatur im Jahr 2100 auf 5,8°C ansteigen, welches absolut fatale und nicht abschätzbare Folgen für die Umwelt haben könnte.[10] Dadurch würde das Schmelzen der Polkappen noch schneller voranschreiten. Dies hätte zur Auswirkung, dass der Meeresspiegel extrem ansteigt, komplette Küstenregionen auf der Erde verschwinden werden und das Klima sich stark verändern könnte. Somit führt es immer häufiger zu Dürren wodurch immer mehr fruchtbarer Boden verloren geht.[11]

---

[10] Vgl. Yay, Mehmet (2012): Elektromobilität-Theoretische Grundlagen, S.26

9

Ebenfalls kommt es immer häufiger zu schweren Umweltkatastrophen wie starke Regenfälle.

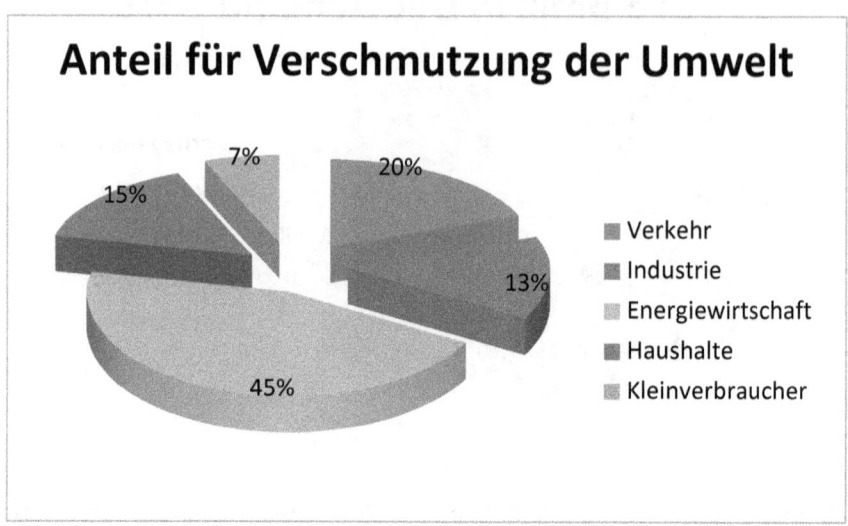

Abb. 3: Diagramm zur Verdeutlichung der Verschmutzung der Umwelt durch Verkehr (im Anhang)

(http://www.static.shell.com/static/deu/downloads/aboutshell/our_strategy/mobility_scenarios/a utomobilitaet_im_wandel.pdf)

Allerdings zeigt der Blick in die Zukunft keine wirkliche Besserung. Insbesondere in Länder wie China und Indien wo immer mehr Menschen leben und somit auch immer mehr PKW benötigt werden. So könnten bis zum Jahr 2030[12] etwa 250 Millionen PKWs auf chinesische Straßen unterwegs sein. Welches nicht zur Besserung der Situation beiträgt und auch nicht die Folgen für die Umwelt verbessert. Was vielen Menschen vor allem nicht klar ist,

---

[11] Vgl. Yay, Mehmet (2012): Elektromobilität-Theoretische Grundlagen, S.25
[12] Vgl. Yay, Mehmet (2012): Elektromobilität-Theoretische Grundlagen, S.28

dass durch einen hohen CO_2-Ausstoß auch Schadstoffe wie Feinpartikel ausgestoßen werden die auf die Dauer zu persönlichen Erkrankungen (z.B. Asthma) führen können. Diese teilweisen negativen Auswirkungen führen dazu, dass die Menschen beim Neuwagenkauf darauf achten, ein umweltverträglicheres Fahrzeug zu kaufen.

Kundenanforderungen in Europa und den USA

1. Zuverlässigkeit	5. Umweltverträglichkeit
2. Sicherheit	6. Design
3. Preis-Leistungsverhältnis	7. Service
4. Gesamtkosten	8. Markenprestige

(Tabelle 1.: Eigendarstellung in Anlehnung an: Yay, Mehmet (2012)[13]

Bei dieser Tabelle wird nochmal verdeutlicht, wie sich die Umweltverträglichkeit als immer wichtigeren Aspekt bei der Kaufentscheidung eines neuen Autos entwickelt.

3. Alternative Mobilität im Überblick

Aufgrund der hohen Notwendigkeit, ist es wichtig, mit erhöhtem Druck in den nächsten Jahren alternativen Antriebsmöglichkeiten zu entwickeln und erneuerbare Energien zu entdecken oder bereits vorhandene Energien wie die Windenergie weiterauszubauen und zu perfektionieren.[14]

---

[13] Vgl. Yay, Mehmet (2012): Elektromobilität-Theoretische Grundlagen, S.29

Die aktuellsten und bis jetzt durchsetzbarsten Antriebe (Stand 2012) sind Hybridfahrzeuge (HEV), Plug-in-hybrid Fahrzeuge (PHEV) und Elektrofahrzeuge (BEV). Hier spielt vor allem die „Elektronik-Entwicklung"[15]eine wichtige Rolle, denn sie muss den Quantensprung von herkömmlichen Verbrennungsmotoren zu den komplizierten Elektromotoren vorantreiben und koordinieren. Dies führt dazu, dass die Modulstrategie eine immer bedeutendere Rolle spielt. Natürlich beschleunigt durch einen enormen Schwund an Erdöl und anderen Ressourcen.[16]

3.1. Erläuterung von HEV, PHEV und BEV + deren Vor- und Nachteile

Hybridfahrzeug

„Unter Hybridantrieb ist eine Kombination von zwei oder mehreren Antrieben zu verstehen, die sich idealer Weise gegenseitig ergänzen."[17]

Hybridfahrzeuge werden abgekürzt mit HEV beschrieben, was für *Hybrid Electric Vehicle* steht. Wie das Zitat schon sagt, besteht ein HEV aus zwei Antrieben. Zum einen aus einem Verbrennungsmotor und zum Anderen aus einem Elektromotor. Durch den Verbrennungsmotor wird Energie erzeugt, welche in

---

[14] Vgl. VDI (2011): Elektronikim Kraftfahrzeug, S. 23
[15] Vgl. Schwingshackl, Michael (2009): Simulation vom elektrischen Fahrzeugkonzepten für PKW, S.15
[16] Vgl. Schwingshackl, Michael (2009): Simulation vom elektrischen Fahrzeugkonzepten für PKW, S.15
[17] Vgl. Yay, Mehmet (2012): Elektromobilität-Theoretische Grundlagen, S. 43

einer Batterie gespeichert wird. Das Auto wird bei niedrigen Geschwindigkeiten über die Batterie und bei höheren Geschwindigkeiten über den Verbrennungsmotor betrieben. Die Vorteile dieses Antriebes sind, dass zum Einen vor allem bei Fahrten in der Stadt dieser Antrieb sich als sehr nützlich erweist, da im Stadtbereich durch geringere Geschwindigkeiten hauptsächlich mit Batterieantrieb gefahren und dabei kein CO_2 ausgestoßen wird. Dazu ist er sehr geräuscharm, sehr umweltfreundlich und bei der Umwandlung von elektrischer Energie in mechanische Energie geht dabei wenig Energie verloren.

Die Nachteile sind, dass eine sehr große Batterie benötigt wird, wodurch einiges an Platz im Auto verloren geht. Die zum Einsatz kommenden Batterien können schlecht recycelt werden. Dazu ist das Leistungsvermögen der Batterie ebenfalls stark von der Temperatur abhängig ist. Der Preis dieser Fahrzeuge liegen etwa 5-10% höher gegenüber der Anschaffung eines herkömmlichen Fahrzeuges.[18]

Plug-in-hybrid Fahrzeug

---

[18] Vgl. Yay, Mehmet (2012): Elektromobilität-Theoretische Grundlagen, S. 17

„Unter Plug-in Hybrid versteht man, dass die Batterie nicht von einem Verbrennungsmotoraufgeladen werden muss, sondern auch über externe Stromquellen aufgeladen werden kann"[19]

Vorne weg muss man sagen, dass sich die Plug-in-hybrid Fahrzeuge und Hybridfahrzeuge im Wesentlichen nicht wirklich stark voneinander unterscheiden. Denn wie bei dem HEV besteht das PHEV auch aus einem Verbrennungsmotor, welcher als Hauptantrieb verwendet wird, aber ebenfalls auch aus einem Elektroantrieb welcher durch eine Batterie betrieben wird. Diese Batterie wird durch diesen Verbrennungsmotor aufgeladen. Der einzigste Vorteil welcher der PHEV hat, ist dass diese Batterie zusätzlich noch durch Strom aus der Steckdose aufgeladen werden kann. Dies macht diesen Antrieb noch effizienter, da diese Batterie immer aufgeladen ist. Darüber hinaus hat dieser Antrieb dieselben Vorteile wie der HEV. Bei ihm schaltet sich ebenfalls bei geringer Geschwindigkeit -wie sie im Stadtverkehr vorkommt- die Batterie ein und das Auto wird ohne CO_2-Ausstoß bewegt. Ebenfalls wird durch die Batterie erreicht, dass das Auto viel weniger Benzin verbraucht, da sich der Elektromotor immer bei Beschleunigungsphasen einschaltet. Nachteile beim PHEV sind ähnlich wie bei dem HEV, dass die Beschaffung eines solchen Autos teurer ist als eines mit Verbrennungsmotor. Allerdings ist einer der größten Nachteile des PHEV, dass bei der Konstruktion dieses Antriebes mit einer erhöhten technischen Komplexität zusammenhängt.[20] Ob HEV oder PHEV beide Antriebe

---

[19] Vgl. Yay, Mehmet (2012): Elektromobilität-Theoretische Grundlagen, S. 47
[20] Vgl. Yay, Mehmet (2012): Elektromobilität-Theoretische Grundlagen, S. 48

unterscheiden sich im Wesentlichen nicht wirklich großartig voneinander.

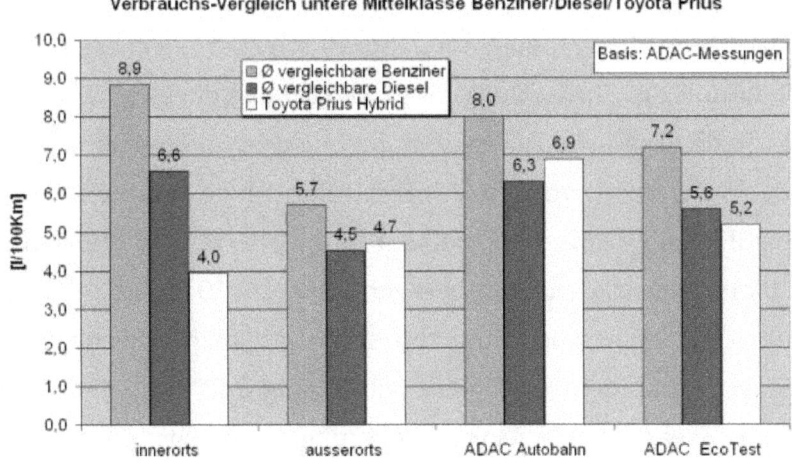

Abb. 4: Diagramm zur Darstellung der Abnahme des Benzinverbrauchs am Beispiel eines Toyota Prius

Diese Abbildung veranschaulicht, wie der Benzinverbauch Innerorts, Außerorts und auf Autobahnen sich der Benzinverbrauch durch ein PHEV Fahrzeug verringert.

(http://www.google.de/imgres?um=1&hl=de&client=firefox-
a&rls=org.mozilla:de:official&biw=1440&bih=714&tbm=isch&tbnid=VyoU1oBBqw5psM:&imgrefurl
=http://www.tcs-schwyz.ch/cms/ratgeber/rund-ums-auto/392-toyota-prius-dauertest-ueber-
90000-kilometer.html&docid=Dc6wMy0bLqO_RM&imgurl=http://www.tcs-
schwyz.ch/cms/images/stories/Bilder_Artikel/Prius_Verbrauch_Diagramm.jpg&w=600&h=372&ei=
s3hrT-r4l4jDtAaDpoW9Ag&zoom=1)

Elektrofahrzeug

„Ein Elektrofahrzeug ist generell ein Fahrzeug, das mit einem Elektromotor betrieben wird."[21]

Das elektrisch betriebene Fahrzeug bezieht seine Energie durch eine externe Stromquelle wie Strom aus der Steckdose. Der Aufbau und die Entwicklung eines Elektrofahrzeuges sind relativ einfach, da Dinge wie Anlasser, Kupplung oder ein Getriebe nicht gebraucht werden. Vorteile am Elektrofahrzeuge sind, wie schon beim HEV und PHEV, dass sie sehr geräuscharm sind und durch die Batterie sehr wenig Energie verloren geht. Dazu ist man mit einem Elektrofahrzeug nicht von stark variablen Benzinpreisen abhängig. Außerdem sind diese Autos aufgrund ihres einfachen Aufbaus sehr wartungsarm. Allerdings spricht gegen ein Elektrofahrzeug, dass diese Fahrzeuge in der Anschaffung deutlich teurer sind als herkömmliche, da die eingebaute Batterie hochleistungsfähiger sein muss als herkömmliche Batterien. Außerdem ist einer der größten Nachteile des Elektrofahrzeuges, das es aktuell in Deutschland noch zu wenig Aufladestationen für Batterien[22] gibt und dieser Ladevorgang noch zu lange dauert. Da die Entwicklung dieser Batterien noch nicht vollständig ausgereift, sind keine großen Distanzen möglich. In Zahlen bedeutet dies vielleicht im Schnitt eine Distanz von ca. 300km. Außerdem haben die Batterien heutzutage noch keine allzu lange Lebensdauer.

---

[21] Vgl. Schwingshackl, Michael (2009): Simulation vom elektrischen Fahrzeugkonzepten für PKW, S.22
[22] Vgl. Yay, Mehmet (2012): Elektromobilität-Theoretische Grundlagen, S. 50

smart ed

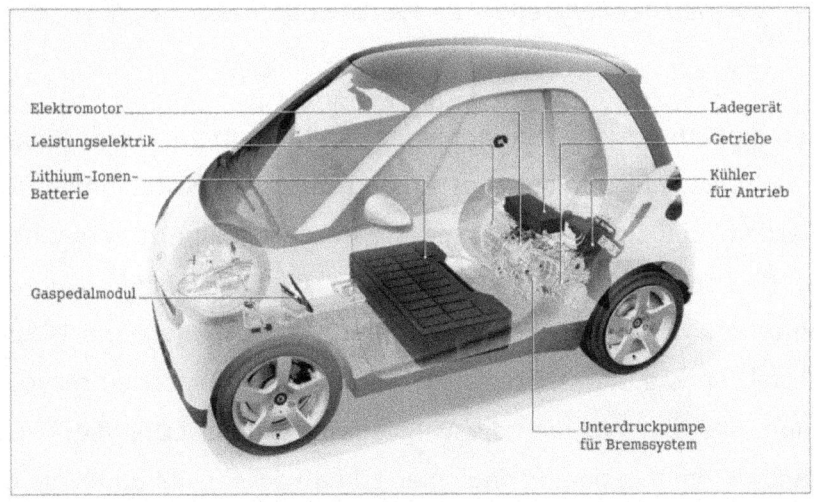

Abb. 5: Systemaufbau eines BEV, Beispiel: „Smart ed"[23]

4. Herausforderungen, Chancen und Risiken der Elektromobilität

4.1. Herausforderung der Elektromobilität

Die Herausforderungen der Elektromobilität liegen darin, grundlegende Dinge zu verbessern. welches sich allerdings bei dem ein oder anderen Problem zu einer logistischen Meisterleistung herauskristallisiert und ein hohes finanzielles Aufkommen benötigt. So muss sich jedes Glied,

---

[23] Vgl. http://www.alternative-motion.de/page/img/automotive/automotive-113/667622_6_c6.jpg

„egal ob von der Beschaffung der Rohstoffe, bis hin zum Vertrieb der Fahrzeuge der Wertschöpfungskette",[24]

den neuen Ansprüchen anpassen und die Herausforderungen annehmen, nur so kann das Projekt Elektromobilität umgesetzt werden. Eine große Schwierigkeit ist es Lithium zu gewinnen, welches aber benötigt wird um die leistungsfähigen Li-Ionen Batterien zu produzieren Außerdem gibt es bis jetzt noch kein Verfahren wie man später diese lithiumhaltige Batterien recyceln kann. Allerdings wurden die Mitgliedsstaaten der EU in die Pflicht genommen Recyclingtechnologien zu entwickeln, die durch die EU gefördert werden.[25] Des Weiteren muss die Energiedichte der Batterien verbessert werden, um so die Distanz, welche mit dem Auto zurückgelegt werden kann zu verlängern. Die größte Herausforderung ist es, die alternative Energiegewinnung auszubauen, die damit herkömmliche Kohle- und Kernkraftwerke abzulösen, um das Elektroauto rentabel zu machen. Dazu gehört natürlich auch der Ausbau der Ladeinfrastruktur.

4.2. Chancen und Risiken der Elektromobilität

Selbstverständlich ergeben sich für ein Land wie Deutschland Chancen aber auch Gefahren, wenn sich ein technologischer Wandel ankündigt. So ergibt sich die Chance durch das Elektrofahrzeug den CO_2-Ausstoß zu vermindern. Es führt zu einer

---

[24] Vgl. Yay, Mehmet (2012): Elektromobilität-Theoretische Grundlagen, S. 71
[25] Vgl. Yay, Mehmet (2012): Elektromobilität-Theoretische Grundlagen, S. 72

Sicherung der Mobilität und zu einer Unabhängigkeit gegenüber der Importabhängigkeit von Öl. Außerdem sorgt es für einen Schub in der Entwicklung von erneuerbaren Energie, darüber hinaus werden neue Arbeitsplätze geschaffen, was Deutschland sehr zu Gute kommt, da es über gut ausgebildete Fachkräfte verfügt. Dies könnte zu einem Innovationsschub für Automobilhersteller führen. Eine weitere Chance ist, dass sich für Deutschland die Möglichkeit ergibt zum Leitmarktführer in dieser Branche aufzusteigen und sich damit von der Konkurrenz abzusetzen.

Allerdings sind Chancen auch mit Risiken verbunden. Da Deutschland noch nicht über ausreichende Erfahrungen bei der Herstellung von Batterien verfügt, steht hier ein hoher Innovationsbedarf an. Außerdem kann sich Deutschland nicht richtig von der Abhängigkeit gegenüber anderen Ländern lösen, da sie z.b. kein Lithium abbauen können. Ein großes Problem ist, dass die Menschen diese neue Technologie annehmen sollten. Geschieht dies nicht sind Unmengen an Geld verloren. Ein Scheitern der Technologie könnte daran liegen, dass die Menschen einen zu hohen Anspruch gegenüber dem Elektroauto besitzen oder die Technologie ihren gegebenen Versprechen nicht halten können. Ein weiteres Risiko ist, dass unser aktuelles Stromnetz schon jetzt nicht mehr den Leistungen der Windenergie gewachsen ist und somit unnötig Strom verloren geht. Die bestehenden Kohle-und Kernkraftwerke müssen somit länger am Netz gehalten werden. Unter Umständen kann es dazu führen, dass die Industrie dem Entwicklungsdruck/-tempo nicht gewachsen ist.

5.   Elektromobilität und die Rolle der Politik

5.1. Zielvorgabe der Politik an die Automobilbranche

Das Hauptziel ist, welches sich die deutsche Politik gesetzt hat, Deutschland zum Leitmarkt im Sektor Elektromobilität zu entwickeln und finanziell zu fördern, da die deutsche Automobil- und Zulieferbranche das Prunkstück der deutschen Industrie ist. Durch ihre Ziele möchte die Regierung erreichen, dass sich der Energie Mix in Deutschland ändert und mit der Zeit der Hauptteil des Stromes von alternativen Energiequellen stammt. Dem Wegfall von Arbeitsplätzen bei den herkömmlich betriebenen Fahrzeugen steht ein weit größerer Aufbau und Erweiterung von Arbeitsplätzen der Elektromobilität gegenüber, sodass der Bedarf an Fachkräften aus heutiger Sicht nicht abnehmen wird.

Sie versprechen sich vor allem davon, einer gewissen Innovationsdynamik[26] durch eine bessere Ausbildung vom Nachwuchs, auch Unternehmen fördern, dass die sich mehr an Schulen und Universitäten einbringen. Des weiteren geben sie vor, dass bis 2020 bereits eine Million Elektrofahrzeuge auf Deutsche Straßen fahren sollen[27] und bis 2030 sogar bereits fünf Millionen Elektroautos.[28] Schließlich wollen sie errreichen, daß bis spätestens 2050 keine Autos mit Verbrennungsmotoren auf den Straßen fahren sollen.

---

[26] Vgl. Yay, Mehmet (2012): Elektromobilität-Theoretische Grundlagen, S. 87
[27] Vgl. Yay, Mehmet (2012): Elektromobilität-Theoretische Grundlagen, S. 87
[28] Vgl. Yay, Mehmet (2012): Elektromobilität-Theoretische Grundlagen, S. 87

6. Möglichkeiten der Umsetzung in die Praxis
6.1. Pilotprojekt Audi in München

Mit diesem Pilotprojekt welches 2011 von Audi in Kooperation mit der Stadt München und dem Energiekonzern EON sowie der technische Universität München ins Leben gerufen wurde, geht es vor allem darum um das Verhalten des Pilotprojektes und auch um etwas über die Erwartung der Kunden zu lernen.

„Audi erarbeitet an kompromisslosen, ganzheitlichen Konzepten, die maximalen Kundennutzen bieten. Wir werden unseren Kunden im Zeitalter der Elektromobilität eine ganze Reihe von Services anbieten, die über das reine Fahren hinausgehen. Dabei spielt die Vernetzung mit der Infrastruktur und der Umwelt ebenso eine Rolle wie neue Mobilitätskonzepte"[29],

unterstreicht Franciscus van Meel, Leiter Elektromobilitätsstrategie der Audi AG. Und weiter:

„Wir wollen mit diesem Flottenversuch mehr über das Verhalten, aber auch über die Erwartungen unserer Kunden im Umgang mit Elektroautos lernen."[30]

Diese Aussagen unterstreichen wie interessiert deutsche Automobilhersteller sind, neue Erfahrungen im Umgang mit der Elektromobilität zu erlangen.

---

[29] Vgl. www.autostromer.de/2011/10/28/audi-a1-e-tron-flotte-in-muenchen/
[30] Vgl. www.autostromer.de/2011/10/28/audi-a1-e-tron-flotte-in-muenchen/

Bei diesem Pilotprojekt wurden 20 Audi A1 e-tron an Testkunden im Raum München verteilt, die durch Benutzung Erfahrungen sammeln sollen die dann von der technischen Universität München ausgewertet werden. Dieses Projekt wurde mit 10 Millionen Euro durch das Bundesministerium für Verkehr gefördert. Dieses Projekt führte dazu, dass die Ladeinfrastruktur durch die Firma EON im Bereich München ausgebaut und den Strom aus alternativen Energiequellen bereitgestellt wurde.

Dieser A1 e-tron ist ein Plug-in Hybridfahrzeug, der aus einem Verbrennungsmotor und einer hochleistungsfähigen Lithium-Ionen Batterie besteht. Vor allem aber soll dieses Projekt wichtige Einblicke verschaffen wie oft, wofür und wie dieses Auto genutzt wird.

Abb. 6: Pilotprojekt mit 20 Audi A1 e-tron[31]

[31] Vgl. Internet: http://portal.mytum.de/pressestelle/meldungen/NewsArticle

7. Fazit

Nicht erst seit kurzem treten Elektroautos immer vermehrt in den Blickpunkt der Medien als „Auto der Zukunft". Vor einiger Zeit noch wurde das Thema alternative Antriebe und Elektromobilität nicht wirklich ernst genommen, geschuldet auch dadurch, dass die früheren Pläne nie richtig ausgereift und geplant waren. Doch jetzt gelangt der Verbrennungsmotor an das Ende seiner Möglichkeiten. Nun haben auch die Automobilhersteller festgestellt, dass hier mit Hochdruck an alternativen Antrieben entwickelt werden muss. Ebenso die Politik, welche sich nun ebenfalls intensiv mit dem Thema Elektromobilität und alternative Energiequellen beschäftigt.

Da man so langsam an das Ende des Zeitalters des Verbrennungsmotors ankommt, wird vielen auch bewusst, wie umweltschädlich das Automobil ist, aber man konnte auch ein Wandel des Denkens der Verbraucher gegenüber der Umwelt feststellen.[32]

Nun arbeiten die Automobilhersteller mit erhöhtem Entwicklungstempo an den alternativen Antrieben um schnellst möglich die Vision des emissionsfreiem Autofahren in die Wirklichkeit umzusetzen. Der wichtigste Punkt ist, vor allem der Ausbau für Elektrofahrzeug, sprich der Ausbau der Ladeinfrastruktur. Welcher insbesondere durch die Politik vorangetrieben werden muss. Die aktuellsten Entwicklungen eines Autos mit alternativem Antrieb, sind aufgrund der fehlenden Ladeinfrastruktur bisher nur in Großstädten einsetzbar.

---

[32] Vgl. Yay, Mehmet (2012): Elektromobilität-Theoretische Grundlagen, S. 101

Dies vor allem auch deswegen, weil die Reichweite der aktuellen Modelle noch nicht so ausgelegt ist, um dieselben Distanzen wie mit einem Verbrennungsmotor zurückzulegen. Bis das Fahren mit einem Elektrofahrzeug möglich ist, werden sogenannte Hybrid- bzw. Plug-in-Hybridfahrzeuge als eine Art Brückentechnologie eingesetzt.[33]Diese Hybridfahrzeuge erreichen schon heute eine Kraftstoffeinsparung um ein Drittel gegenüber einem herkömmlichen Fahrzeug. Weiter aktuelle Vorteile des Hybridfahrzeugs sind vor allem, gegenüber einem herkömmlichen Fahrzeug, dass sie um einiges wartungsärmer sind und eine viel höhere Lebensdauer haben als bisher. Mit unter das Wichtigste ist, dass sie auch Batterien entwickeln die recycelbar werden. Diese Batterien bestehen aus gefährlichem Lithium, welches obendrein noch schwer abbaubar ist.

Ebenso hängt die Reduzierung der CO_2 Werte stark davon ab, aus welchen Energiequellen der Strom gewonnen wird. Um ein emissionsfreies Fahren zu erreichen muss sich der Strommix in Deutschland ändern. Zurzeit wird der Großteil der Energie noch durch Kohle- und Atomkraftwerke gewonnen.

Es besteht aber auch ein großes Potenzial in der Elektromobilität. So können sich deutsche Automobilhersteller mit neuen Modellen neue Absatzmärkte erarbeiten und sich somit zu einem Leitmarkt in diesem Bereich entwickeln.

Allerdings wird sich das Elektrofahrzeug auch nur dann durchsetzen wenn Signale von Seiten der Politik kommen, indem sie den Verbrauchern durch staatlich geförderte Vergünstigungen

---

[33] Vgl. Yay, Mehmet (2012): Elektromobilität-Theoretische Grundlagen, S. 101

bei einem Kauf eines Elektrofahrzeuges den Kauf attraktiv gestalten.

Ebenfalls wichtig für den Erfolg ist, wie die deutschen Energieversorger die Entwicklung alternativer Energien vorantreiben. Dazu zählt wie sie mit deutschen Automobilherstellern zusammenarbeiten und gemeinsam das Elektroauto in besonderen Leasingverträgen zusammen Auto und Strom anbieten.

Zusammenfassend kann man sagen, dass die herkömmlichen Benzin- und Dieselfahrzeuge unser Straßenbild auch in den nächsten Jahren noch prägen werden. Es wird auch noch einige Zeit dauern, bis sie von unseren Straßen verschwunden sind. Laut dem nationalen Entwicklungsplan sollen bis 2050 keine Autos mit Verbrennungsmotoren über deutsche Straßen mehr fahren. Ob dies umsetzbar ist, hängt vor allem von verschiedenen Bedingungen ab.

Klar ist aber auch, dass sich das Elektroauto dieses Mal durchsetzen sollte, denn die herkömmlichen Autos werden in Zukunft keine größeren Überlebenschancen mehr haben. Dem Verbrennungsmotor machen vor allem seine Umweltprobleme die er verursacht und steigende Rohölpreise zu schaffen. Jede einzelne Person könnte mit seinem Umdenken erreichen, dass sie damit einen Wandel vom herkömmlichen Auto mit Verbrennungsmotor zur Elektromobilität anstreben.

8. Anhang

Abb.2: Diagramm zur Verdeutlichung der Zusammensetzung des Strom Mixes

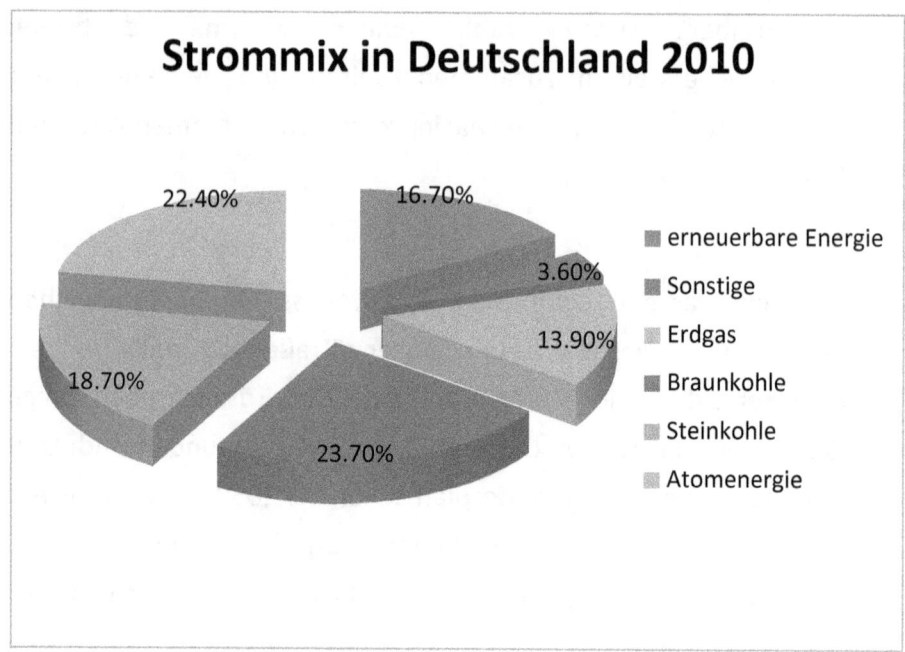

(http://www.donaukurier.de/storage/pic/afp/journal/eins/2017724_1_xio-
fcmsimage-20110416092041-006062-
4da94349f21f6.photo_1302875720148-9-HD.jpg)

Abb.3: Diagramm zur Verdeutlichung der Verschmutzung der Umwelt durch Verkehr

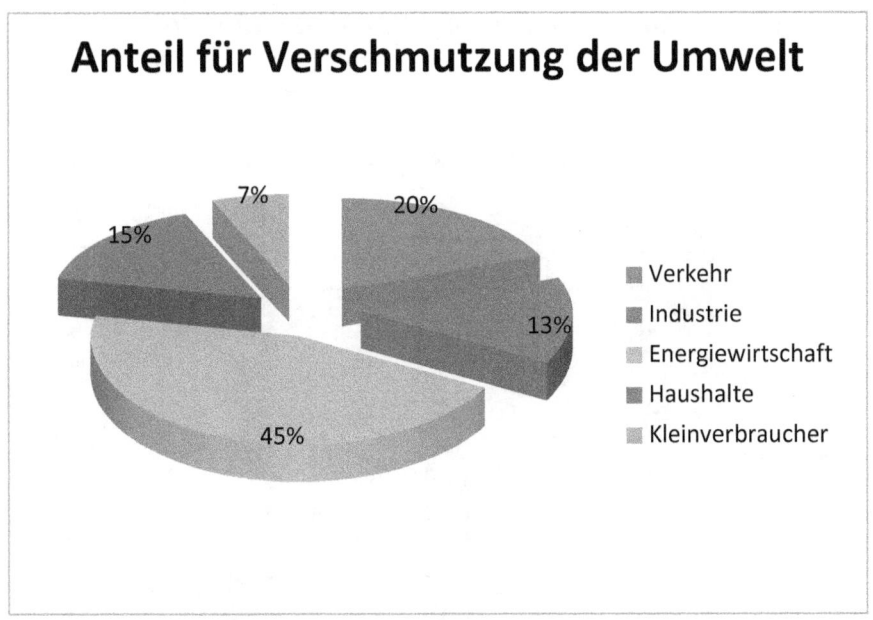

(http://www.static.shell.com/static/deu/downloads/aboutshell/our_strategy/mobility_scenarios/automobilitaet_im_wandel.pdf)

Abb. 4: *Diagramm zur Darstellung der Abnahme des Benzinverbrauchs am Beispiel eines Toyota Prius*

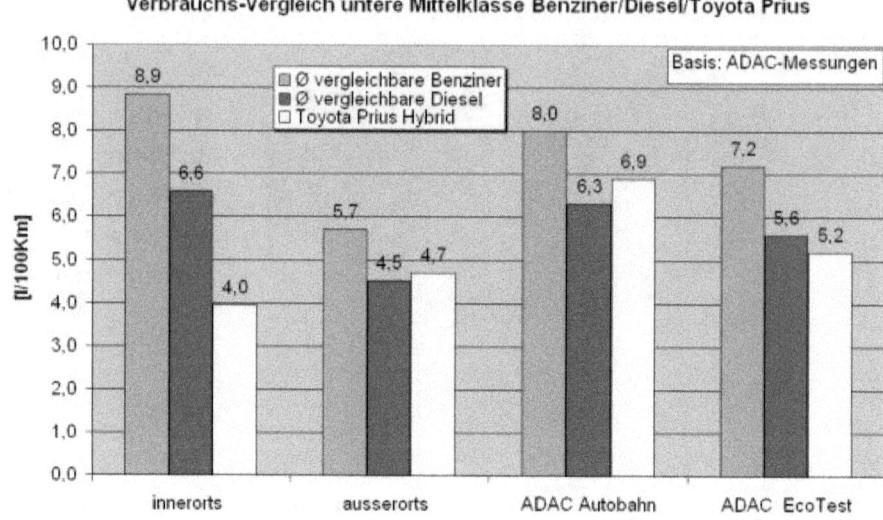

Verbrauchs-Vergleich untere Mittelklasse Benziner/Diesel/Toyota Prius

(http://www.google.de/imgres?um=1&hl=de&client=firefox-a&rls=org.mozilla:de:official&biw=1440&bih=714&tbm=isch&tbnid=VyoU1oBBqw5psM:&imgrefurl=http://www.tcs-schwyz.ch/cms/ratgeber/rund-ums-auto/392-toyota-prius-dauertest-ueber-90000-kilometer.html&docid=Dc6wMy0bLqO_RM&imgurl=http://www.tcs-schwyz.ch/cms/images/stories/Bilder_Artikel/Prius_Verbrauch_Diagramm.jpg&w=600&h=372&ei=s3hrT-r4l4jDtAaDpoW9Ag&zoom=1)

Abb.5: *Systemaufbau eines BEV, Beispiel: „Smart ed"*

smart ed

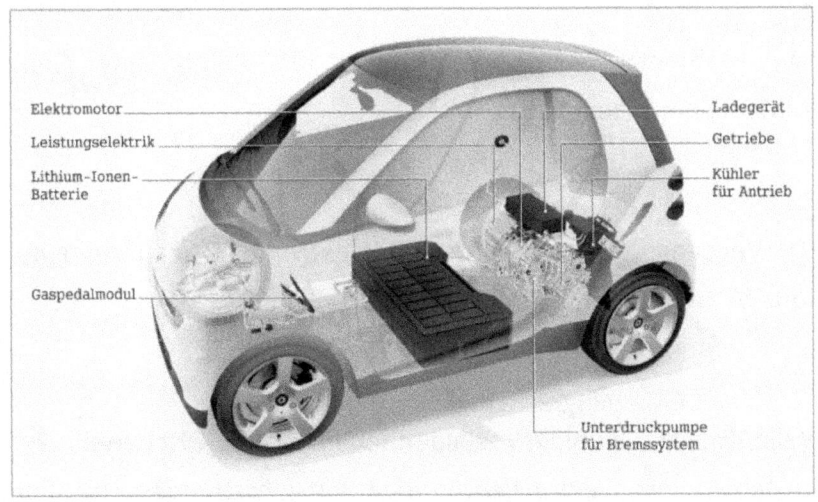

(http://www.alternative-
motion.de/page/img/automotive/automotive-
113/667622_6_c6.jpg)

9. Literaturliste

<u>Bücher</u>

Yay, Mehmet: *Elektromobilität,* 2.Aufl., Peter Lang GmbH, Frankfurt am Main, 2012

VDI (Verband deutscher Industrie): Elektronik im Kraftfahrzeug, 1. Aufl., VDI Verlag GmbH, Düsseldorf 2011

Wallentowitz, Henning; Freialdenhoven, Arndt; Olschewski, Ingo: *Strategien zur Elektrifizierung des Antriebsstranges,* 1.Auflage, GWV Fachverlag, Wiesbaden, 2010

<u>Fachzeitschrift</u>

Hackbarth, André; Schürmann, Gregor; Madlener, Reinhard: *Plug-in Hybridfahrzeuge: Wirtschaftlichkeit und Marktchancen verschiedener Geschäftsmodelle,* In: et-Energiewirtschaftliche Tagesfragen, 59. Heft, Juli 2009

Scholz Gerd: *Die Renaissance des Bleis,* In: Automobil-Produktion, November Ausgabe, 2009

Internet und Bilderquellen aus dem Internet:

Siemens: *Aufklärung des Zusammenspiels zwischen Energieversorger und den Weg ins Auto,* http//www.siemens.de/elektromobilitaet/elektromobilitaet.html ?stc=deccc020121, Zugriff: 20.11.2011

Bundesregierung: *Aufklärung über alle Forderungen und Ziele der Politik an die Automobilbranche für das Projekt des Elektroautos.* Bmbf.org/pubRD/nationaler_entwicklungsplan_elektromobilitaet. pdf, Zugriff: 21.10.2011

RWE: *Erklärung was getan werden muss um ein gut ausgebautes Ladesystem zu erreichen.* http://www.rwe-mobility.com/web/cms/de/237006/rwemobility, Zugriff: 21.01.2012

Toyota: *Beispiel eines Plug-in Hybrid Fahrzeug von Toyota,* http://www.toyota.de/cars/coming_soon/prius_plugin/index.tme x, Zugriff: 21.01.2012

Autostromer: Pilotprojekt von Audi mit dessen A1 e-tron in München und allgemeine Verdeutlichung was geschehen muss für ein rentables Elektroauto, http://www.autostromer.de/2011/10/28/audi-a1-e-tron-flotte-in-muenchen/, Zugriff: 21.01.2012

Diplomarbeit Michael Schwingshackl: Informationen zu den Auswirkungen auf die Umwelt durch das Elektroauto, darüber hinaus Einblick in den technische Aufbau eines Elekktroautos,

http://www.e-connected.at/download/fahrzeugkonzepte.pdf,

Bundesregierung: Nationale Entwicklungsplan Elektromobilität der Bundesregierung,

http://www.bmwi.de/Dateien/BMWi/PDF/nationaler-entwicklungsplan-elektromobilitaet-der-bundesregierung,property=pdf,bereich=bmwi,sprache=de,rwb=true.pdf

http://www.dtoday.de/cms_media/module_img/329/164617_1_lightbox_4eeb6d722f839.jpg

http://www.static.shell.com/static/deu/downloads/aboutshell/our_strategy/mobility_scenarios/automobilitaet_im_wandel.pdf

http://www.alternative-motion.de/page/img/automotive/automotive-113/667622_6_c6.jpg

(http://www.google.de/imgres?um=1&hl=de&client=firefox-a&rls=org.mozilla:de:official&biw=1440&bih=714&tbm=isch&tbni

d=VyoU1oBBqw5psM:&imgrefurl=http://www.tcs-
schwyz.ch/cms/ratgeber/rund-ums-auto/392-toyota-prius-
dauertest-ueber-90000-
kilometer.html&docid=Dc6wMy0bLqO_RM&imgurl=http://www.t
cs-
schwyz.ch/cms/images/stories/Bilder_Artikel/Prius_Verbrauch_Di
agramm.jpg&w=600&h=372&ei=s3hrT-
r4l4jDtAaDpoW9Ag&zoom=1)

(http://www.donaukurier.de/storage/pic/afp/journal/eins/20177
24_1_xio-fcmsimage-20110416092041-006062-
4da94349f21f6.photo_1302875720148-9-HD.jpg)

www.ingramcontent.com/pod-product-compliance
Lightning Source LLC
Chambersburg PA
CBHW051226170526
45166CB00005B/2057